ALI ÁGUAS

FORÇA DE MARÉ

First edition. September 10, 2024.

ISBN: 979-8227936073

Written by Ali Águas.

FORÇA DE MARÉ

Poesia

Título Força de Maré
Autora Ali Águas
Primeira edição 2024

Edição Ali Águas

Para os resilientes.

amar

amar é amar
    quando o mar nos separa
    amar é esperar
    que o vento e a lua o amor me tragam

escuridão

desde esse lugar
    onde ninguém quer estar
    mergulhei nas profundezas
    toquei no fundo
    e lá permaneci
    no negrume da incerteza
    acreditei que aquele
    era o meu sítio
    longe do mundo
    longe de tudo
    alma deprimente
    num sufoco constante
    sem paz
    esperança
    ou ilusão
    onde tudo é escuridão

vislumbre

mas aos poucos
    as sombras revelaram-se
    e pude ver o lugar que ocupava
    não era o meu
    não era eu
    e quis mudar

esperança

um feixe de luz
    abriu caminho
    por entre o negrume
    avistei um rumo
    em tudo diferente
    a gravilha da esperança
    postava-se ante mim
    por fim
    sem hesitação
    dei o primeiro passo
    já não havia regresso
    a cura impelia a vontade
    agora era ânsia de liberdade

como uma árvore

elevo os braços ao céu
    para que o Sol os encontre
    e os faça brotar
    estendo as raízes pela terra
    para não esquecer de onde venho
    enquanto me deixo medrar
    procuro água como sustento
    para me manter de pé
    e não fenecer a tentar
    proclamo alto de que madeira sou
    para suportar o peso do destino
    enquanto o vento me quiser agitar

passos

com os primeiros passos
    vacilo e tropeço
    persevero e compadeço-me
    a cada tramo
    uma dúvida
    mas logo a vontade se sobrepõe
    a serenidade assenhora-se de mim
    todos os momentos de desespero
    se perdem no caminho
    a cada passo
    sobre cada pedra
    mais e mais distante daquele lugar

deslumbramento

como não percebi antes?
    a tristeza nublava-me os sentidos
    antes não existiam céu e terra
    rara vez se punha o Sol
    o mar era uma paragem distante
    as árvores estavam sempre despidas

ossos

porque sustentam a existência
        de cada elemento do ser
        pensamento, coração, alma
        porque não somos só ossos
        que um dia a terra há-de consumir

meditação

no silêncio, manifestação silente
    encontro a quietude, sustento da mente
    medito,
    intervalo vácuo que me abstrai de tudo
    um lugar, um pequeno mundo

alvor

a vontade do possível
inunda-lhe a mente
num sem-fim de marés
objeto incontornável, urgente
as ondas da ilusão movem-no
afluência perene
siderada no infinito do ser
qual princípio solene
navegador por excelência
não cede à tempestade
magnitude da alma
ânsia de liberdade
atravessa correntes
com um brado de ventura
rumo estabelecido
próximo da alvura

não ouvem

diga o que disser
    os ouvidos não ouvem
    não sentem as palavras
    as verdadeiras intenções
    que insensatas são as mentes
    de olhos fechados
    que para a sensatez
    não abrem corações

introspeção

corpo invisível
    volátil transparência a minha
    que não encontra lugar
    nem voz que a defina
    como sombra vagueio
    teço sonhos impossíveis
    caminho entre o nevoeiro
    na imensidão do silêncio
    alicerce do segredo
    escudo da distância
    subterfúgio do medo
    puro desacerto da consciência

movimento assertivo

no material e indiferente
    opera a dualidade
    onde o sábio aprende
    equação equilibrada
    da condição imaterial
    equânime e ajustada
    o espírito contrabalança
    num movimento assertivo
    de inteligente contradança

nada serve

cada vez que tento um aproximar
     a voz da ira logo se reflete
     parece ânsia de revolta
     de sentimentos perdidos
     lugares recônditos da consciência
     onde nada parece convir
     por mais que diga
     as palavras de nada servem
     quando ignoradas
     distorcidas por outras
     por uma alma conturbada
     serena, no seu estado de graça

mediocridade

rostos maledicentes
    ignoram a verdade
    mendigam mentes
    longe da realidade
    de um coração rebelde, puro e inocente
    vergonha alheia
    com quem convive
    e não aceita
    quem gratuitamente agride
    para si guarda a sua voz e vive
    sem falsa moral
    verdade lesada
    palavras sem ideal
    visão turvada
    pois não é desleal, nem dissimulada

silêncio

na voz do silêncio encontra-se
      debate-se consigo
      no eterno conflito da consciência
      como se tivesse perdido o rumo
      a noção de si próprio
      absorto em palavras sem som
      tão lancinantes
      quanto as que recorda terem-no ferido
      embalado pela quietude permanece tranquilo
      até se perder no tempo

o tempo

o compasso do relógio
    eleva o pensamento
    para o caminho finito
    que depois do tempo
    perpétua cadência e bulício
    num eterno movimento

louvor

rememorar o passado
     com olhar vacilante
     pensamento condenado
     impulso urgente
     num caminho edificado
     em cada alma diferente
     ilustra a memória
     de quem foi outrora
     em leito de glória

desigual

testemunhos distintos
improvável sorte
mundos findos
vozes carentes
desgarram vontades
imerecida injustiça
infortunas diferentes
afogam mentes
devolvem moral
definem moldes
num mundo desigual
de pessoas indiferentes

perder

a insensatez de não saber perder
    descreve mais a essência
    do que verdadeiramente o ser

orgulho

desceu até ao mais profundo do inferno
     consumido pelas chamas do ufano
     ouviu os cânticos que soavam em uníssono,
     lancinantes murmúrios
     agonizou e reviu-se neles
     em delírios medonhos
     de quem nunca pensou vogar
     como uma alma penada
     no cárcere do orgulho

ilusão

de tempos a tempos
        uma ilusão enchia-lhe o peito,
        qual mestre da magia
        enlevado pelo inerente fascínio do ilusionista
        o truque de sempre surtia efeito,
        acreditar, concretizar, deslumbrar
        necessidade ou loucura?
        lema de resistência que perpetua

intemporal

existir é ser sentido
    só assim nos conhecemos,
    no reflexo do olhar de outro,
    memória do presente
    é na consequência dos atos e das palavras
    que imortalizamos a existência pelo tempo
    conectados, unidos pelo mesmo passado
    num único sentido, rumo a um futuro urgente

amar

a palavra não descreve a essência
    princípio de tudo, desígnio da existência
    pelo contrário, anula-lhe o movimento
    define apenas a face de um sentimento
    amar, amar de verdade
    não é única manifestação de felicidade
    expressa-se em todo momento
    nos episódios felizes e nos desalentos

nunca

escondo-me num refúgio
    onde ninguém me pode encontrar
    perco-me a pensar em ti
    dou comigo a sonhar
    mas porque espero por ti
    se nunca me poderás amar?

força de maré

o fulgor da lua banhou as águas calmas do rio
    mergulhadas na escuridão mais absoluta
    sem ti viviam ocultas nas trevas,
    arrastadas pela corrente da solidão
    no caudal de um silêncio quase imperecível
    até ao luar, até te assomares
    evocando emoções perdidas,
    completando com o teu reflexo o rio sombrio,
    desprovido de movimento e luz no seu retiro
    almejando um semelhante,
    uma alma que lhe desse vida
    juntos, vogando no mesmo sentido
    numa confluência perfeita
    curso natural da harmonia
    cuja nascente és tu

persuasão

os lábios curvados
    de um sorriso afetado
    albergam promessas
    sombras do passado
    entoam a mesma melodia
    empenho inconsistente
    na ânsia de persuadir
    um olhar consciente
    mas, a noite distingue o dia
    aguarda paciente pela luz
    de quem há-de sucumbir
    ao sorriso que seduz

se...

se pudesse deter o tempo
        parava-o naquele beijo
        momento esperado
        foi tanto o desejo
        se o tempo revelasse
        os nossos segredos
        então não teríamos
        que esconder-nos

a espera

leve, singela, transitória ironia
    breve, percorre a memória,
    qual fantasia
    recordo de ti a expressão
    sorriso de uma felicidade perdida
    velada algures no coração
    por amor, ouro da vida
    aguarda, desespera pela vez
    de ser para ti mais, um dia

depois de ti

os teus dedos marcaram
    uma pele velada
    uma alma abandonada
    descobriram um novo lugar
    uma nova morada
    num coração assolado pela mágoa

nos teus lábios

um beijo adormecido
  acordou com os teus lábios
  um amor desiludido
  sonhou com os teus braços
  em ti,
  encontrou o amor
  que pensava ter perdido
  encontrou o que um dia
  sentiu ser-lhe desconhecido

paixão

o que vi no teu olhar?
    embriaguez de ternura
    que advinha o pulsar
    da inconsequente loucura

abraços

silêncios que falam,
   palavras sem sabor
   verdades que curam
   onde antes só havia dor
   braços que se encontram,
   despertam afeição
   em corações que acalentam
   neles, compaixão
   laços que unem
   e evocam ternura
   juntos descobrem
   que um só abraço perdura

enquanto te sussurro

onde estiveres
      está o meu suspiro
      o meu coração
      o ar que respiro
      sem ti não vivo
      caminho só
      sem sentido
      és o meu rumo
      o meu porto
      um lugar seguro
      espero por ti
      enquanto te sussurro

sentir

na pele
    alimento do desejo
    sal e mel
    amálgama do ensejo
    transpira ternura
    no delinear
    doce loucura
    no canto do respirar

contigo

é contigo que ouço aquela música constante
    que vibro ao som da alegria
    que adormeço ao ritmo de uma doce melodia
    é contigo que sonho acordar um dia

paradigma das borboletas

uma troca de sentidos
    olhares interessados, luzidios
    palavras desconhecidas
    nunca antes proferidas
    gestos de cumplicidade
    revelam emoções, espontaneidade
    encontram-se pouco a pouco,
    respondendo ao sentimento recíproco

reencontro

descubro na voz trémula
    anseios esquecidos
    memórias que o tempo levou
    sentimentos perdidos
    que almejavam o reencontro
    o que a água distanciou
    anos, meses, dias
    que o relógio somou
    sempre na esperança de encontrar
    as ruínas de um antigo desejo
    um reviver do passado
    no presente ensejo

possa eu suportar

nas asas do sentimento
voo até te encontrar
levo comigo paixão e ressentimento
para quem deixou de amar
contigo sonho e desespero
desisto e volto a tentar
na derrota persevero
enquanto as lágrimas possam suportar

delírio

desconheço
    outra sintonia
    presa
    do aconchego
    desejo
    pele e emoção
    ignoro
    mundo e tempo
    suspiro
    por mais, por nós
    percebo
    a vertigem na respiração

sem ti

sob o teu olhar seguro
ao abrigo de um amor incondicional,
sublime, indestrutível até ao fim dos dias
nada enublava o sol
nem mesmo o pior dia de inverno,
na pior das tempestades
o teu era o amor da minha vida
o único que me escapou,
que uma mão cruel levou de mim
e agora, sem o calor das asas que me protegiam
continuo a voar
e a viagem prossegue num desalinho
a caravana partiu e sigo só
viajo por terra, mar e ar
resisto, persisto e sobrevivo à tua ausência
sob outro olhar
que caminha sob os meus passos, fala por mim
até aprender a viver sem ti

saudade

a saudade do ausente
    permanece enquanto há dor
    enquanto se sente
    é na solidão que encontro conforto
    penso em ti, que estás aqui
    e de novo te encontro
    não és real mas estás presente
    para outros não, mas,
    para mim estarás sempre

melancolia

como um frio afilado
    atingiu-me o que por mim sentia
    o inverno rigoroso chegou
    revelando o que o prendia
    a desilusão gelou sob o sentimento
    que eu entendia
    o melhor abrigo não resguardou
    tanta melancolia

desvario

amarga ventura
    doce agonia
    que vive na amargura
    de saber afinal
    o que és
    sombra do mal
    maldita loucura

ecos da memória

eles imprimem movimento à saudade
  trasladam o passado para o presente
  com a dor esparsa na felicidade
  o que se guarda nos recantos da mente
  eles tomam forma na repetição
  inconscientes, perpetuam o sofrimento
  ávidos, abalam o coração
  sempre pejados de sentimento
  na alegria suspiram por voltar
  e sentir cada movimento, sonhar,
  evocando o que ficou de uma trajetória
  ecos da memória que perduram
  iludem realidades que não mudam
  revelam a verdade de cada história

ansiedade

o lugar que ocupo não chega
    é como não respirar e existir na mesma
    começa a ser uma fobia
    algo descontrolado que me angustia
    procuro uma solução
    e tudo o que encontro é solidão
    ninguém parece notar
    o mundo gira e gira sem se imutar

inquietude

não sabemos para onde vamos
    sabemos que não queremos desaparecer
    recusamos o que desconhecemos
    embora nos seja difícil ser

afinação

as cordas da guitarra
      envelhecidas pela ferrugem que o tempo lhes causou
      atribuem às notas desafinadas
      sentimentos de culpa que o tempo não levou
      a sonoridade entoa e destoa
      esperançosa, procura a melodia
      na verdade que sempre apregoa
      com as notas ao encontro da harmonia

em sonhos

é o teu rosto que me aparece
    que me atormenta o espírito
    porque te tenho longe
    consome-me a alma
    e quando a noite cair e o corpo ceder
    aparecer-me-ás outra vez

que fazer?

que fazer, quando o pranto não cessa?
    porque não cede a outra emoção, senão à fadada tristeza
    que dizer, quando as palavras se perderam no sufoco?
    pois o que havia para dizer provocou o lamento
    que esperar de quem magoa sem arrependimento?
    quando o sentimento que havia desapareceu há muito

renascer

agora a dor parece leve
    o Sol apaziguou o sofrimento
    onde permaneceu no inverno
    rigoroso, num impossível desalento
    lavado em lágrimas
    levadas pelo vento
    agora posso respirar,
    saborear este instante, cada momento

memória

recordo as tuas palavras com ternura
o teu olhar meigo, inocente
e a tua voz, que em mim perdura
como uma melodia
que me acompanha sempre
reflexo do que foste, és e serás
mesmo não estando presente

do outro lado

observo como podia ter sido
    se a avareza não me tivesse corrompido
    como podia ter amado
    se não fosse o orgulho, que em tudo foi amargo
    como podia ter vivido sem a malfadada invídia
    que agora sei, foi a maior inimiga
    penso no que não fiz
    em como fui infeliz
    e agora nada posso fazer
    pois neste lugar nada pode acontecer
    não há para quem sorrir
    não tenho para onde ir
    do outro lado tinha tudo
    e nada agradeci

consciência

és o impulso de tudo
    vagueias em espírito
    no pensamento, no coração
    defines a existência compassiva
    ou a do errante desumano
    no mundo, no universo
    és o movimento sempiterno
    da vida, das limitações do ser
    o nada que determina o tudo

imaterial

alma fremente
    mutável na sua essência
    desconhece espaço e tempo
    ensombra memória e existência
    corrompe os desígnios do ser
    num mundo de matéria e consciência

abismo

vasta solidão
    sossego da alma
    abismo infinito
    que para todos tem lugar
    por quem todos espera
    em silêncio
    enquanto o rio flui
    corre e seca
    até ao fim

imortal

tu que caminhas com bravura,
    qual força da natureza
    perseveras no caminho da amargura
    ante terramotos e dilúvios, sempre à intempérie
    com afoiteza desmedida
    permaneces imperturbável
    tudo enfrentas com valentia
    porque mesmo que o corpo ceda
    para ti nunca é o final
    manifestação resiliente
    de quem é imortal

fome

fome sôfrega de viver, coragem renovada
    no contornar das pedras salientes da calçada
    emenda andares trôpegos, frementes
    com passos que em tudo são diferentes
    o sol venerado espreita e ilumina
    reaviva espaços, antes ocultos na neblina
    nuvem infeliz da amargura, era das trevas
    quantas vezes me viu cair sem grevas?
    agora tudo é ânsia de caminhar, correr além
    encontrar um lugar em terra de ninguém
    por ora bastará, até outro rumo tomar
    até que a fome de novo me obrigue a mudar

o cerco do medo

o que quiseste
    esteve sempre ao teu alcance
    o cerco do medo foi o erro
    o medo de não arriscar
    o medo de perder
    o medo que nunca fará ninguém vencer

vacuidade

forma vácua
        modo de vida, de sentir
        desapego emocional
        sem significado
        breve ou duradouro
        tudo é mutável,
        degenerativo na sua falsa aparência
        uma ilusão sem essência

o todo

uma única gota de água
    expansão da mente
    além do limite
    visão do universo
    confinado nessa gota
    conteúdo inócuo
    água e sal
    como um todo,
    como um oceano

a balada da apatia

indiferente, contempla tudo em redor
    a quietude e a tempestade
    assiste ao progresso em desequilíbrio
    e à decadência incontestável da mente do inadaptado
    impassível, como se este não fosse o seu mundo,
    como figura marmórea e fria
    que escolhe a abandonar-se à apatia

ao que vocifera

porque aceito quem és, se não aceitas quem são os demais?
    encontras nos defeitos, pretextos infundados,
    transformados em impropérios, mentiras vorazes,
    sedentas de magoar, de ferir quem é para ti
    mais do que alguma vez poderás ser

onírico

deleite onírico
	iluminação de um caminho
	esperança de destino,
	que passo a passo
	se consolida
	ora turbulento, ora tranquilo
	sempre repleto de experiências
	inerentes ao alcançar o topo da montanha

entranhas

era capaz de gritar mais alto
      sumir-te na minha mágoa
      onde ficou a bondade?
      quanta ira a tua

precipitação

nem uma bátega de água
        conseguiu assentar a amargura
        esta dor de alma não tem cura
        desanuvia como o tempo
        mas a previsão permanece
        embalada numa prece
        adormecida na nuvem densa
        pela fúria que guarda no interior
        a mesma que a todos causa dor
        sofrimento por quem se revolta
        sem motivo ou razão
        levada por um impulso vão
        da inconsequente precipitação

que voem os pássaros

se não posso voar
     que voem os pássaros
     e que eu os veja sonhar
     que a brisa os leve
     alto, em liberdade
     num curso perene
     impelidos pelo vento,
     incessantes fantasias
     sempre em movimento
     então, poderei sonhar
     com o impossível do homem
     até onde a brisa me levar

páginas

as páginas cobrem-se a preceito
        as palavras consumem-me
        e com elas me deleito
        as páginas cobram vida
        as palavras iluminam-na
        e nelas não encontro o tempo que o texto retira
        as palavras revelam a equação
        as páginas o resultado
        onde perco horas e dias, se houver inspiração

perdão

na memória guardo o dia em que te perdi
    não pensei que entre nós houvesse um fim
    perdoa-me, abandona a dor que causei
    sem ti não vivo
    não sou eu,
    apenas existo

entre voltas

o que têm estas flores
        que não têm as outras?
        o que sussurram as pétalas,
        agitadas, entre portas?
        quem esperam que as ouçam,
        que as levem nas roupas?
        quem são os indiferentes
        que alimentam revoltas?
        e quanto mais suportarão
        as flores, silenciadas, entre voltas?

mágoa

que dor esta
	que por mais que faça
	não passa
	dói,
	e não me deixa viver
	está longe de desaparecer

o intolerante

se ouvisses as tuas palavras
      rever-te-ias nelas
      saberias o quanto magoam
      depois de tudo,
      tudo,
      tudo o que dizes que sou,
      que é apenas um reflexo teu
      aquele que não vês,
      cegueira indolente

quem és

dizes ser quem és
    porque não vais mudar
    e quem não toleras terá de tolerar
    na verdade desconheces quem és
    uma mera ilusão
    sem matéria, sem coração

somos

todas as coisas são
　　uma só
　　parte do que somos
　　uma união
　　um só olhar
　　uma só voz
　　tudo o que somos
　　somos nós
　　o tempo não muda
　　mudámos o que somos
　　continuamos um
　　parte de todos
　　uma pulsação
　　é o que somos
　　foi e será a união
　　de todos

nenhum lugar

nenhum lugar serve para estar perto de ti,
     coração pétreo
     incapaz de sentir
     que não me deixa ficar nem decidir

revolta

no teu olhar a imagem perdura
        o sofrimento apagou a ternura,
        que alguém arrebatou sem piedade
        porque lutaste pela liberdade
        o que foi que viste que te espantou?
        o que foi que ouviste que te ofendeu?
        se o que sentiste magoou,
        foi a mim a quem doeu

os agitadores

no ramalhar das árvores
    ouve-se o lamento
    murmúrio de quem sente
    de quem confessou ao vento
    o que foi dito,
    onde as vozes ecoaram
    no cume mais alto
    e espantaram pássaros
    em grande sobressalto
    inevitável talvez,
    se não fosse a vontade
    a fúria dos agitadores
    dos que dormem nos ramos
    de que não são senhores
    mas insanos,
    que não querem ver
    a beleza de que se fazem rodear
    fronde leve e verde
    que lhes permite respirar

ser

uma diminuta partícula no universo
    vasto, infinito no tempo
    que viaja, se perde e regenera
    assim dita a matéria,
    princípio inefável
    corrente de energia
    que circula no todo
    fonte da vida
    quem és
    o que somos
    quem sou

declínio

no vale da memória permanece
    recorda o que foi
    e guarda o que esquece
    triste, diria
    mas não recorda
    a voz do passado
    não encontra lugar, nem presente
    vive perdida no mesmo fado
    na companhia
    de quem amou

os sonhadores

famintos e perseguidos
     procuram um lugar melhor
     perto do Sol
     um futuro promissor aguarda,
     esperam
     mas,
     a água divide princípios e fins
     porque o mar os perde
     nas ondas da amargura
     e sem uma mão de fé
     navegam
     e desesperam

a minha estrela

queria tocar a estrela onde estás agora
	vê-la de perto, lado a lado
	agarrar o brilho que desprende
	igual ao sorriso que lembro
	queria conhecer o lugar de onde me vês,
	onde vives e alumias quem amaste
	e ver-te iluminar desde esse ponto
	porque aqui, na Terra, já não te encontro

desapego

procura na planura do desapego
     quem o conhecerá
     quem ilumina,
     um caminho sem ego
     onde o eu deixa ir
     o que não pode controlar,
     o que não pode mudar
     e deve deixar partir
     soltar as correntes
     da afeição material
     da ignorância inflexível
     de que se tornam indiferentes
     pela via do sossego
     de ser capaz de ser
     de desprender e viver
     uma vida sem medo

passo a passo

quantas pugnas vivas
    para quem não luta
    não serve
    porque nas batalhas livradas
    não obteve vitórias
    mas um caminho mais leve

o voo dos sonhos

o que movem as asas?
        sonhos de ar e terra
        ilusões renovadas
        o que o tempo encerra
        doce entrega, assim se entende
        que nem a sorrisos ou lágrimas
        uma breve homenagem rende
        antes continua, luz que alumias
        porque a chama abranda sem esmorecer
        por vezes, em silêncio, a apreender
        e a vontade ergue-se como punhos
        por entre os ares, enlevada
        no percurso, persevera, alada
        sempre, no voo dos sonhos

preciso

grito ao vento
      que não sou eu,
      que é esta tristeza
      que já não aguento
      a brisa, indiferente,
      não ouve o brado
      de quem desespera
      e nas chamas não sente
      apenas preciso de respirar
      de sentir a tua carícia
      um novo alento
      e talvez voar

sonhos púrpura

sob um manto de nuvens púrpura
      enveredou pelo atalho da memória
      um caminho leve e fúlgido
      como um astro bruxuleante a vogar
      embriagada, abraçou a estrela
      entrelaçaram as mãos
      com laços da mesma cor
      dormiram o mesmo sonho
      entre melodias mágicas, vibrantes
      no seu mundo, em torno do Sol
      esqueceram-se do tempo lá no alto
      com os sentidos em sussurros
      gravaram marcas de saudade
      no peito de um só pulsar
      cientes do limiar de tudo
      da proximidade de uma despedida
      onde se desprenderiam de sentimentos
      e retomariam a consciência perdida
      longe da ilusão ou da possibilidade
      de poderem voltar a estar juntos

a orquestra

as notas ágeis soam
        a melodia inunda o espaço
        como o vaivém das ondas
        ritmado e vigoroso
        natural na sua forma
        balsâmico como a maresia
        pelo o virtuosismo dos músicos
        e o mestre que ilustra o compositor
        em plena harmonia,
        uma fórmula perfeita de deleite
        em tudo encanta a preceito
        pura magia em movimento

o político derivado

na corrente da ambição
	afirmou-se
	a vontade do resoluto
	com palavras calorosas
	fáceis de acertar
	reflexão do pretensioso
	de intenções tentadoras
	do que deve ser dito
	no momento
	livrem-se de os ouvir
	sem atenção
	os sinais inadvertidos
	causam sensação
	aplausos plenos de admiração

desumanos

rompe leve coração,
    que o mundo não é brando
    tudo leva, tudo dilapida
    a erva inocente que brota
    a brisa pura e a alma
    sem sentir, sem compaixão
    se a coragem pulsar
    é ao som do quebranto
    quanto mais fraco, mais forte
    nesse mundo que não se vê
    não se põe no lugar do outro
    no aferro à soberbia, no magoar

lamento

não esconde o que sente
a voz embargada pela melancolia
é sentida por quem responde
lamento
quem poderá ignorar
o pranto de quem não tem escolha,
de quem sofre e no olhar reflete
desalento?
a esperança longínqua
nada oferece, por ora
permanece uma miragem
silente
quando poderá evadir
o lugar aonde chegou
e tomar parte da felicidade
dignamente?

ambição

numa breve ilusão
    de elegância
    ajusta o colarinho ao pescoço
    quer vencer
    a vontade de ferro
    força de poder
    compraz-se com a luta
    vinga a cada passo
    não consente o fracasso

a despedida

ouvi o arrastar dos passos
    reconheci o andar
    de aperto no coração
    o relógio parou
    e levou-te no último badalar
    despediste-te em silêncio
    na voz que sabias,
    com tantas palavras no coração

retrato da serviçal

na sua peculiar visão
    a tudo obedece
    na impossibilidade da palavra
    os lábios velados
    a par da dissimulação
    exprimem a natureza inconsequente
    da passividade servil
    na mesma postura prossegue
    fiel ao seu retrato

sentado ao sol

a cadeira embala
        mas não mitiga a solidão
        é nas horas ao Sol
        que percebe o seu fado
        o quão inútil parece agora
        uma vida de escravidão
        não há para quem olhar
        não há para quem falar
        este relógio não para
        mas a vida parou
        apenas o leve baloiçar
        o calor abrasivo
        e uma prece distante
        parecem existir

carta

a paisagem que a carta descreve
        reaviva as memórias da infância
        onde tudo é longínquo mas intemporal
        onde tudo permanece igual
        a família está como se espera
        cada um na rotina que lhe compete
        na calmaria longe da cidade
        prostrados, ao som da saudade
        conto os dias para os visitar
        entretenho a mente no frenesim
        mas nada afasta a mente daquele lugar
        não há como deixar de recordar

encontro versos

encontro versos
    no teu sorriso tímido
    nessas mãos pequeninas,
    o meu sorriso
    encontro o arco-íris
    nas brincadeiras contigo
    nos teus jogos
    o tempo não fica perdido
    encontro melodias
    na tua voz, no que me dizes
    nas tuas palavras
    os dias soam felizes
    encontro um lugar
    do tamanho do mundo
    quando olho para ti
    e sinto amor tão profundo

lugares

em silêncio diz o que sente
os olhos não mentem
falam, gritam ajuda
a quem passa indiferente
frios,
os corações dos que olham
passam e fingem não ver
aquele lugar perdido
onde habita um coração partido

alma e mente

na pulsação vertiginosa
    percebe o abismo
    a vertigem entre a esperança e o declínio
    de quem há muito abandonou o equilíbrio
    e sufoca no próprio martírio
    no cárcere da ansiedade
    descontrolo sombrio
    da alma e da mente
    num angustiar constante
    do estado premente

como antes era

de lá de cima espreitou
    e viu um mundo diferente
    de grandes opostos
    com um lado indiferente
    o lugar que deixou
    também não era perfeito
    mas havia esperança
    e menos preconceitos

chuva

há uma promessa perene na chuva
   a terra abraça-a sob cada camada
   embala raízes e a própria vida
   invisível, caprichosa do tempo
   e os frutos aguardam, pacientes
   sabedores da verdade na natureza
   que tudo silencia quando se manifesta
   embora contradiga a fé e a vontade
   não aprende a viver com promessas
   enquanto se alimenta e cresce, dispersa
   proclama ao vento que não se apresse
   o futuro não responde sem paciência
   sem trabalho, determinação ou resiliência
   em toda a aprendizagem que houver
   a colheita resistente será perfeita

o permanente desafio

quando avistar a montanha
    será o primeiro a escalar
    a embrenhar-se no manto que a cobre
    a tropeçar e continuar
    no caminho que o levará ao cume
    que tanto o faz sonhar
    não importa o íngreme da elevação
    nem os passos que dará
    qualquer desafio será mais leve
    do que aquele que outro lugar lhe oferecerá
    já nada resta, já nada tem a perder
    e quando o inesperado se apresentar, logo se verá

a natureza do amor

a intempérie levou-o dela na agitação do mar
    durante anos viajou, navegou na tempestade,
    sempre constante de encontro àquele olhar
    nem a fadiga, a incerteza ou o vento o desviou
    mesmo perdido nas longas horas do navegar
    a bússola mareava o tempo todo o coração
    para ele era certo que a haveria de encontrar
    numa luta entre forças, o homem ou a natureza,
    poderia não vencer mas nunca deixaria de amar

transmutação

a verdadeira mudança
    nasce na aceitação
    na vaga da circunstância
    da decisão tomada
    de quem ultrapassa
    o passado e a mágoa
    tomando consciência
    do essencial no equilíbrio
    ou definição da existência
    da mente tranquila
    que reconhece na gratidão
    um modo pleno de vida
    o resultado é silente
    invade cada elemento do ser
    transmuta alma e mente
    no encalço da tranquilidade
    ansiando percorrer
    a vereda da felicidade
    que surge quando abrandamos
    respiramos fundo
    aceitamos quem somos
    num percurso mais leve
    abraçando todos os sentidos
    de uma vida que afinal é breve

asas

o olhar entregue não esconde
    um laço rosa priva-a de liberdade
    da janela observa a vista imensa
    atreve-se a ver o mundo e aspira voar
    misturar-se com o vento no vazio
    no céu que lhe sussurra e desperta os sentidos
    e, nesse abismo, deixa-se envolver
    as asas da aceitação oscilam fortes
    entre a esperança e a moderação
    até deixar atrás um lugar que não escolheu
    ao encontro de um pouso que perdure
    depois de voo tão longo

aliaguas.author@gmail.com

Don't miss out!

Visit the website below and you can sign up to receive emails whenever Ali Águas publishes a new book. There's no charge and no obligation.

https://books2read.com/r/B-A-HDVSB-LQKZE

BOOKS 2 READ

Connecting independent readers to independent writers.

Also by Ali Águas

Crónicas Imortais
Luz & Sombra
Gelo & Fogo

Standalone
El Cazador de Estrellas
O Caçador de Estrelas
Agustina Bessa-Luís e o Sentido do Eterno
Uma Caixa Com Um Sentido
Força de Maré

www.ingramcontent.com/pod-product-compliance
Lightning Source LLC
Chambersburg PA
CBHW031431150726
47989CB00002B/900